섬김의 왕 예수 그리스도

어린이교회
(1~6학년)
교사용

사랑마루
SARANGMARU

Contents

섬김의 왕! 예수 그리스도!

주제의 이해

BCM⁺ 제자훈련 새김북스 "섬김" 편은 스스로 낮아지신 예수 그리스도의 섬김의 이야기들을 통해, 겸손하게 하나님의 뜻에 순종하심으로 하나님의 뜻을 이루신 예수님의 겸손을 배우고, 낮은 모습으로 제자들의 발을 씻으신 섬김의 본을 따르며, 고난과 희생으로 우리에게 '구원'을 주심으로 가장 크게 섬겨 주신 예수 그리스도께 감사드리고 그 섬김을 배우고 따르는 어린이들이 되도록 한다.

주제 성구

인자가 온 것은 섬김을 받으려 함이 아니라 도리어 섬기려 하고 자기 목숨을 많은 사람의 대속물로 주려 함이니라. (마태복음 20장 28절)

주제 해설

섬김은 예수 그리스도께서 이 세상에 오신 목적이자, 그분의 삶의 방식이었다. 예수님은 하나님의 뜻을 따라 하늘의 영광스러운 보좌를 버리시고, 종의 모습으로 이 땅에 오셔서 우리를 섬기시고자 하셨다(빌 2: 6-7). 때문에 그분은 이 땅에서 사는 동안 세상에서 버림 받고 냉대 받던 죄인들과 병자들, 가난한 자들과 힘없는 자들을 사랑으로 품으시고 섬기셨을 뿐 아니라, 당신의 생애 마지막까지 하나님의 뜻에 순종하는 겸손과 섬김의 본을 보여주셨다. 이러한 섬김의 절정이 십자가의 대속의 죽음이다. 예수님은 십자가에서 자신의 생명을 내어주는 섬김으로 자신이 이 땅에 오신 목적대로 모든 사람을 죄에서 구원하시려는 하나님의 뜻을 이루신 것이다.

하나님은 예수 그리스도의 섬김을 통해 구원의 은혜를 받은 사람들에게 동일한 섬김의 삶을 바라신다. 예수님께서 제자들에게 섬김의 삶을 명하신 것처럼, 모든 그리스도인은 '나 우선'의 세상 가운데서 '섬기는 자'로 부르심을 받았다. 그러므로 우리의 섬김을 필요로 하는 모든 사람이 섬김의 대상이며, 우리가 살아가는 삶의 현장이 바로 섬김을 실천하는 장이다. 때문에 예수님을 통해 죄 씻음을 받고 그리스도와 연합하게 된 우리는 나 자신만을 위하는 삶이 아닌, 자신을 겸손하게 낮추어 이웃을 사랑으로 섬기고 구원의 복음을 전하는 삶을 살아야 한다. 주님은 그러한 섬김의 삶을 사는 이들을 높여주실 것이며, 그들이 천국에서 큰 자로 인정받을 것이다(막 10:43, 약 4:10).

교육의 내용

세 가지 이야기를 통해, 어린이들이 예수 그리스도의 섬김을 깊이 배우게 될 것이다.

첫 번째 이야기. "겸손의 왕, 예수 그리스도"

첫 번째 이야기는 '고난의 길에 순종한 예수님의 겸손'에 대한 이야기다. 예루살렘 입성 이야기를 통해 예수님이 구약에 예언된 하나님의 말씀대로 나귀 새끼를 타고 예루살렘에 들어가셨고, 하나님의 뜻에 순종하기 위해 겸손하게 고난의 길을 가셨다는 것을 배운다. 이야기를 통해 진정한 겸손은 하나님의 뜻에 순종하는 것임을 깨닫고, 그러한 예수님의 겸손을 본받기로 다짐하고 실천한다.

두 번째 이야기. "섬김의 왕, 예수 그리스도"

두 번째 이야기는 '낮아지심으로 본을 보이신 사랑의 섬김'에 관한 이야기다. 예수님께서 제자들의 발을 씻겨주신 이야기를 통해 제자들을 향한 주님의 사랑과 섬김의 본보기를 배운다. 예수님이 보이신 섬김의 본을 통해서 스스로 낮아지는 것이야말로 진정한 섬김이라는 것을 깨닫고, 주님이 보여주신 섬김의 삶을 본받기로 다짐하고 실천한다.

세 번째 이야기. "구원의 왕, 예수 그리스도"

세 번째 이야기는 '십자가의 희생으로 이룬 구원'에 대해 말한다. 십자가에서 갖은 고통과 수모를 당하신 예수님의 희생이 바로 모든 사람의 죄를 대속하기 위한 섬김이었음을 배운다. 이 이야기를 통해 십자가의 희생이야말로 예수님이 행하신 최고의 섬김이었음을 깨닫고 구원의 은혜에 대한 감사의 고백을 드리며, 십자가의 복음을 전하고 이웃을 섬기며 살아갈 것을 다짐하고 실천한다.

교육의 과정 세우기

	겸손의 왕, 예수 그리스도	섬김의 왕, 예수 그리스도	구원의 왕, 예수 그리스도
STORY PACKMAN	고난의 길에 순종하여 겸손하게 예루살렘에 입성하시는 메시아 예수님	낮은 종의 모습으로 제자들의 발을 씻기며 섬김의 본을 보여주신 예수님	십자가의 희생을 통해 가장 큰 섬김인 구원을 이루신 예수님
KIDS QUIZ	무엇이 다를까요?	왜 그랬을까요?	누구 때문인가요?
	알쏭달쏭 궁금해요!	누가 큰 자일까요?	나에게 예수님은
KIDS PLAY	겸손의 왕을 찬양해요	요리 조리 섬김 쿡	십자가 양초 만들기
	'겸손의 왕 예수' 팝업 카드 만들기	섬김 데칼코마니	나의 사도신경
KIDS HOME	이 마음을 품어요	섬김 쿠폰을 선물해요	꼭꼭 숨어라
	겸손함으로 빛나는 나!	가족 세족식	예수님처럼 나도

사전가이드

- 교사는 어린이 제자훈련 성경공부를 위해 교회의 조용하고 밝은 장소를 확보합니다.
- 교사와 어린이들은 성경공부를 진행하는 시간(약 1시간 가량)을 꼭 지킵니다.
- 교사는 어린이들이 하나님의 말씀에 집중하여 말씀을 받아들일 수 있도록 사전에 철저히 준비하고, 제자훈련 성경공부를 위해 먼저 기도로 준비합니다.
- 제자훈련 이후에는 어린이들이 말씀을 받아들여 삶 속에서 실천하도록 지속적으로 격려합니다.

겸손의 왕, 예수 그리스도

- **본문말씀** : 마태복음 21장 1-11절
- **도움말씀** : 요한복음 12장 12-19절
- **중심개념** : 고난의 길에 순종한 겸손
- **새길말씀** : 마태복음 21장 5절

  시온 딸에게 이르기를 네 왕이 네게 임하나니 그는 겸손하여 나귀, 곧 멍에 메는 짐승의 새끼를 탔도다 하라 하였느니라.

- **교육목표** : 이 과를 배운 어린이는

  1. 예수님께서 나귀를 타신 겸손한 왕의 모습으로 예루살렘에 들어가신 이야기를 듣는다.
  2. 예수님은 하나님의 뜻에 겸손하게 순종함으로 고난의 길을 가셨음을 깨닫는다.
  3. 고난의 길에 순종하신 예수님의 겸손을 본받아 생활 속에서 겸손을 실천한다.

말씀이해

　예수님은 오직 하나님께 순종함으로 그 뜻을 이루어 가신 겸손의 왕이시다. 그분은 창조주 하나님의 아들이심에도 스스로를 낮추시어 사람의 몸을 입고 이 땅에 오셔서 하나님 뜻을 이루시기 위해 예루살렘 성에 입성하시어 십자가의 고난을 당하시고 죽기까지 순종하셨다(빌 2:5-8). 예수님의 삶은 그 탄생부터 죽음에 이르기까지 하나님의 뜻에 순종함으로 이루어 가신 겸손한 한 걸음 한 걸음이었다.

　십자가 사역을 앞두고, 예수님은 구약의 스가랴 선지자의 예언대로 나귀 새끼를 타신 겸손한 왕의 모습으로 예루살렘에 들어가셨다(슥 9:9). 그때에 예루살렘에 모인 많은 사람들이 자신들의 겉옷과 종려나무 가지를 길에 깔고, 종려나무 가지를 흔들며 예수님을 열렬히 환영했다. 그들은 "호산나!(이제 구원하소서) 다윗의 자손이여!"라고 환호하며 예수님을 그토록 고대하던 메시아로 영접하고, 예수님이 로마의 압제에서 이스라엘을 구원해줄 것을 기대했다. 반면, 예수님을 자신들의 권세를 위협하는 적대 세력으로 여겼던 유대 종교지도자들은 이러한 광경을 보고 더욱 두려워하여 예수님을 죽이려는 음모에 박차를 가하였다(요 12:19, 눅 22:2).

　예수님이 가신 길은 하나님의 뜻에 겸손하게 순종함으로 나아가는 십자가의 고난과 죽음의 길이었다. 그분의 길은 다윗의 왕권을 회복하고 이스라엘을 구원할 왕으로서가 아닌, 모든 사람들을 죄에서 구원할 영적 메시아의 길이었다. 때문에 예수님은 정복자의 건장한 말 대신, 화려한 행차 대신, 보잘 것 없는 나귀를 타고 입성하셨다. 예수님은 떠들썩한 사람들의 환영 속에서도 자신이 가야 할 고난의 길을 생각하셨다. 그 십자가의 길은 사람들의 배신과 조롱 속에 홀로 감당해야 할 가장 외롭고 고통스러운 길이었다. 그러나 그것이 하나님의 뜻을 이루고 모든 사람들을 구원하는 길임을 아셨기에, 예수님은 십자가의 죽음을 향해 묵묵히 순종하심으로 겸손하게 나아가셨다.

　이것이 바로 우리가 품고, 본받아야 할 예수 그리스도의 겸손이다(빌 2:5). 하나님은 겸손하게 순종하는 사람들을 통해 당신의 뜻을 이루어가기를 원하신다. 그러므로 예수님을 믿고 따르는 우리는 주님의 겸손을 본받아 세상의 어떤 환호나 비난에도 흔들림 없이 오직 하나님의 뜻에 순종하는 겸손함으로 세상을 섬기며 살아가야 한다.

교수학습 지도안

단계	제목	교사	어린이	학습방법	학습준비물
스토리 팩맨	겸손의 왕, 예수 그리스도	하나님 뜻에 순종하여 겸손한 왕의 모습으로 나귀를 타고 예루살렘에 들어가신 예수님의 이야기를 들려준다.	예수님은 오직 하나님의 뜻에 순종하여 겸손하게 고난의 길로 가셨음을 안다.	스토리텔링	새김북스
키즈 퀴즈	무엇이 다를까요?	예루살렘 입성 때에 예수님과 제자들, 사람들의 생각이 각각 어떻게 달랐고, 그 이유는 무엇인지 질문한다.	예수님과 제자들, 사람들의 생각이 어떻게 달랐는지 사다리 타기를 통해 확인하고, 그 이유에 대해 말해본다.	사다리 타기	새김북스, 필기도구
키즈 퀴즈	알쏭달쏭 궁금해요!	예수님이 왜 겸손의 왕이신지 그림 힌트를 보고 문장을 읽게 한다.	그림 힌트를 확인하며 문장의 뜻을 알고, 예수님이 왜 겸손의 왕이신지 확인한다.	그림 문장 읽기	새김북스
키즈 플레이	겸손의 왕을 찬양해요	겸손하지 못했던 자신의 죄를 회개하고, 종려나무 가지를 만들어 찬양하게 한다.	겸손하지 못했던 자신의 죄를 적고 회개한 뒤, 종려나무 가지를 만들어 흔들며 예수님을 찬양한다.	기도문 쓰기, 만들기	색도화지, 가위, 풀, 필기도구
키즈 플레이	'겸손의 왕 예수' 팝업 카드 만들기	팝업 카드를 만들도록 돕는다.	예수님이 예루살렘에 입성하시는 장면을 팝업 카드로 만든다.	만들기	새김북스, 색도화지, 칼, 풀

단계	제목	부모	어린이	학습방법	학습준비물
키즈 홈	이 마음을 품어요	마음속에 품어야 할 예수님의 마음이 무엇인지 성경을 찾아 알게 한다.	성경말씀을 찾아 읽은 후, 교재를 색칠하면서, 닮아야 할 예수님의 마음이 '겸손'임을 안다.	성경 읽기, 색칠하기	새김북스, 색연필
키즈 홈	겸손함으로 빛나는 나!	겸손하지 못한 모습에 대해 이야기한 후, 겸손의 실천사항을 구체적으로 적고, 그것을 실천하도록 격려한다.	겸손을 훈련하는 다섯 가지 실천사항을 적고, 생활속에서 실천해 본다.	쓰기, 스티커붙이기	새김북스, 필기도구, 스티커

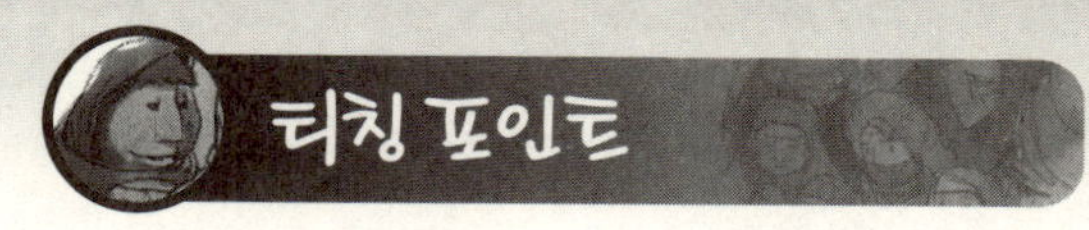

1. 스토리 팩맨

예루살렘 입성을 위해, 벳바게에서부터 예루살렘으로 가는 길은 넓고 편한 평지가 아니라 비탈진 산기슭을 따라 감람산을 넘어가야 하는 좁고 불편한 길이다. 그 길을 사람 한 번 태워보지 않은 어린 나귀가 예수님을 태우고 걸어갔다. 이는 세상 모든 죄를 지고 고난의 길을 걸어가신 예수님을 연상하게 한다. 교사는 어린이들이 그 길을 따라가면서 이야기를 들을 수 있도록 어린이들의 시선을 유도하면서 이야기를 진행한다. 또한 이야기 속에 나오는 사람들의 모습과 표정을 살피게 하면서 서로 다른 그들의 생각을 읽어낼 수 있도록 이끈다. 마지막으로 위의 두 장면을 펼쳐서 하나의 연결된 장면으로 보여주면서 겸손의 왕 예수님이 가셨던 그 길은 비록 좁고 초라해 보이지만 하나님 뜻에 따라 순종하여 가셨던 겸손의 길이었음을 강조한다.

2. 키즈 퀴즈

스토리 팩맨에 나왔던 등장인물들의 각기 다른 생각을 읽으며 예수님이 예루살렘에 오신 진짜 이유가 무엇인지 다시 한 번 강조한다. 또한 문장의 핵심 단어인 그림 힌트의 뜻을 이해하고 문장을 완성하여 읽게 함으로써, 예수님이 왜 겸손의 왕이신지 확인하고 정리한다.

3. 키즈 플레이

첫 번째 활동은 겸손하지 못했던 자신의 모습을 고백하는 회개 기도문을 쓰고, 그것으로 종려나무가지를 만들어 겸손하신 예수님을 찬양하는 활동이다. 이 활동을 통해 자기들 생각과 기대를 갖고 예수님을 환영했던 백성들과 달리, 예수님이 예루살렘에 오신 진짜 이유를 알고 감사하는 마음으로 찬양하도록 한다.

두 번째 활동은 스토리 팩맨에서 배웠던 예루살렘 입성 장면을 입체적으로 표현해보는 만들기 활동으로, 입체적으로 세울 그림을 잘 접어 세우는 것이 관건이다. 이 활동을 통해 고난의 길에 겸손하게 순종하여 예루살렘에 들어가신 예수님을 기억하고 그분을 본받도록 한다.

4. 키즈 홈

키즈 홈은 가정에서 활동하도록 한다. 첫 번째, 마음 색칠하기 활동을 통해 빌립보서의 말씀대로 자신이 배우고 품어야 할 마음이 곧 '겸손'임을 발견함으로써 주제를 다시 한 번 확인하고 기억하게 한다. 두 번째 활동은 생활 속에서 겸손을 적용할 수 있도록 다섯 가지 항목에 대해 스스로 적고 실천해 보는 것이다. 부모는 두 가지 활동을 연결하여 진행해도 좋으며, 어린이들이 배우고 결심한 대로 생활 속에서 겸손을 실천할 수 있도록 격려한다.

겸손의 왕, 예수 그리스도

예루살렘 성으로 걸어가던 예수님과 제자들이 예루살렘 근처 벳바게 마을에 이르렀을 때였어요.
"예수님, 이제 거의 다 왔어요. 저기 보이는 감람산만 넘어가면 예루살렘이에요."
그때, 예수님께서 가던 걸음을 멈추시더니, 두 명의 제자에게 말씀하셨어요.
"너희들은 저 마을로 가서 나귀와 나귀새끼를 끌고 오너라.
만일 누가 물어보면 주께서 쓰실 것이라고 말해라. 그러면 보내줄 것이다."

제자들은 곧 마을로 가서 어미와 함께 있는 나귀 새끼를 찾아냈어요.
그 나귀 새끼는 지금까지 한 번도 사람을 태워본 적이 없어요.
하지만 이제 곧 아주 특별한 나귀가 될 거예요.
모든 사람을 구원할 예수님을 태우게 될 테니까요.
제자들은 예수님이 말씀하신 대로 나귀 새끼를 예수님께로 끌고 왔어요.
"예수님, 여기 나귀를 끌고 왔어요. 어서 타세요."
제자들이 겉옷을 벗어 나귀 등 위에 깔자 예수님께서 나귀 새끼 등에 타셨어요.

예수님께서 왜 갑자기 나귀 새끼를 타셨을까요?
너무 많이 걸어서 다리가 아프고 피곤하셔서 그러셨을까요?
아니면 하루 빨리 예루살렘에 가려고 그러셨을까요?
그 이유는 바로 오래 전 구약성경에서 예언된 하나님의 말씀을 이루기 위해서였어요.
(말씀을 읽어주거나 혹은 어린이가 직접 성경을 찾아 읽어보게 한다.)

이는 선지자를 통하여 하신 말씀을 이루려 하심이라 일렀으되 시온 딸에게 이르기를 네 왕이 네게 임하나니 그는 겸손하여 나귀, 곧 멍에 메는 짐승의 새끼를 탔도다 하라 하였느니라 (마 21:4-5)

예수님을 태운 나귀 새끼는 천천히 예루살렘을 향해 걸어가기 시작했어요.
제자들과 어미 나귀도 예수님을 태운 나귀 새끼를 따라 예루살렘을 향해 함께 걸어갔어요.
따그닥 따그닥 따그닥… 예수님을 태운 나귀 새끼가 비탈진 산등성이 길을 따라 걸어가요.
따그닥 따그닥 따그닥… 예수님을 태운 나귀 새끼가 느릿느릿 오르막길을 올라가요. (헉~헉~헉~)
따그닥 따그닥 따그닥… 감람산을 넘어… (휴~힘들어!)
따그닥 따그닥 따그닥… 예수님을 태운 나귀 새끼가 꼬불꼬불 비탈길을 내려가요. (에고에고~허리야)
따그닥 따그닥 따그닥… 와! 드디어 저 앞에 예루살렘 성이 보이네요.

나귀를 타신 예수님이 예루살렘 성에 들어가시자 온 성이 떠들썩해졌어요.
모두 다 예수님을 알아보고 기뻐하며 소리쳤어요.
"호산나! 다윗의 자손께 호산나!"
"이제 우리를 구원하소서! 호산나!"
호산나는 '이제 구원하소서!'라는 뜻의 찬양하는 말이에요.
사람들은 예수님이 오시는 길에 자기의 겉옷을 벗어서 깔고, 종려나무 가지를 흔들면서 왕으로 오시는 예수님을 환영했어요.

제자들도 덩달아 신이 나서 기뻐하며 예수님을 따라갔어요.
사람들은 예수님이 어서 왕이 되셔서 로마의 지배에서 자기들을 구원해 주시기를 기대했어요.

그런데 모두가 기뻐하며 맞이하는 예수님을 못마땅한 눈초리로 지켜보던 이들이 있었어요.
그들은 바로 유대의 종교 지도자들이었던 대제사장들과 서기관들이에요.
그들은 자신들의 죄를 꾸짖으시는 예수님을 미워했고,
온 백성이 따르는 예수님 때문에 자기들의 권세를 잃을까봐 두려웠어요.
그들은 사람들 몰래 예수님을 죽일 음모를 꾸몄요.
사람들이 기대하는 것처럼 예수님은 로마에서 이스라엘을 구원하실 왕이 되실까요?
대제사장과 서기관들이 두려워하는 것처럼 예수님은 영광과 권세를 누리는 왕이 되실까요?

사람들은 몰랐어요.
예수님이 왜 예루살렘에 오셨는지…
예수님이 왜 초라한 나귀 새끼를 타고 오셨는지…
제자들도 몰랐어요. 백성들의 환호를 받으시는 예수님의 마음이 어떠신지 말이에요.
오직 예수님만 알고 계셨어요. 십자가에서 죽기 위해 자신이 예루살렘에 오셨다는 것을…
예수님은 사람들이 생각하는 그런 왕이 되시려는 게 아니었어요. 또 자신의 힘과 능력을 뽐내려고 하지도 않으셨어요.
겸손하신 예수님은 모든 일이 하나님의 뜻대로 이루어지길 원하셨어요.
그래서 화려하고 영광스러운 모습 대신 초라한 나귀 새끼를 타고 예루살렘에 오셨어요.

겸손하신 예수님은 사람들이 원하는 왕의 길이 아닌, 하나님이 원하시는 고난의 길로 나아가셨어요.
겸손하신 예수님은 자신이 죽게 될 것을 아시면서도 십자가의 죽음을 향하여 묵묵히 나아가셨어요.
모든 사람을 구원하시려는 하나님의 뜻을 이루기 위해 십자가 고난의 길에 순종하신 거예요.
어린 나귀 새끼를 타시고 겸손하게 예루살렘에 들어가신 주님, 하나님의 뜻에 순종하여 스스로 고난의 길을 가신 주님, 그분이 바로 겸손의 왕 예수 그리스도시랍니다.

KIDS QUIZ 1.
무엇이 다를까요?

사다리 타기를 통해 예수님의 생각과 예수님의 예루살렘 입성을 맞이했던 사람들의 생각이 달랐음을 확인하고, 어린이들로 하여금 예수님이 오신 목적을 분명하게 알도록 한다.

예수님께서 예루살렘 성에 들어가실 때, 예수님과 제자들, 사람들의 생각이 각각 어떻게 달랐나요? 그리고 그 이유는 무엇일까요?

사다리를 타고 내려가서 각 사람들의 마음속에 있는 생각을 읽어보세요.

나귀 새끼를 타신 예수님이 예루살렘으로 들어오실 때 사람들은 승리와 평화를 상징하는 종려나무 가지를 흔들며 환호했어요. 왜냐하면 그들은 예수님이 큰 기적과 능력을 행하셨다는 소문을 듣고 성경에서 약속된 메시아가 오신 거라고 생각했거든요. 그래서 자기들을 로마의 지배에서 벗어나게 해 줄 왕이 오신 것이라고 기대했지요. 제자들도 사람들의 뜻밖의 환영에 신이 나서, 예수님이 왕이 되시면 서로 높은 자리에 앉겠다고 다투었어요(막 10:37, 눅 22:24). 그들은 예수님이 왜 예루살렘에 오셨는지 제대로 알지 못했어요. 반면, 유대의 종교 지도자들이었던 대제사장들은 예수님을 미워하고 죽이려고 했어요. 온 백성들이 예수님을 따르는 것을 보고 자신들의 권세를 잃을까봐 두려웠거든요. 하지만 예수님은 십자가에서 죽기 위해 예루살렘에 오셨어요. 그것이 하나님의 뜻이었으니까요. 예수님은 모든 일이 하나님의 뜻대로 이루어지길 원하셨고, 하나님의 뜻에 겸손하게 순종하셨답니다.

KIDS QUIZ 2.

이야기의 주제를 나타내는 그림 힌트의 뜻을 이해하고 문장을 완성하여 읽게 함으로써, 배운 내용을 확인하고 주어진 질문에 대답하게 한다.

예수님이 왜 겸손의 왕이신가요?

그림 힌트를 보고, 문장을 읽은 뒤 이야기해 보세요.

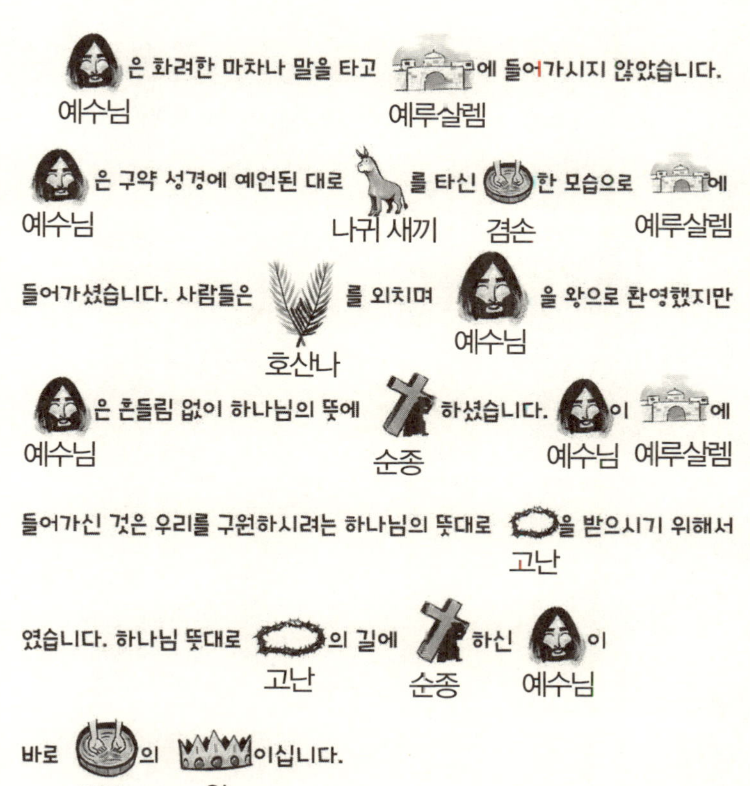

예수님은 수많은 사람들의 환호를 받으며 예루살렘에 들어가셨지만 세상의 왕들처럼 화려하고 영광스럽게 들어가지도, 자신의 힘을 과시하려고 하지도 않으셨어요. 예수님은 작고 어린 나귀를 타신 겸손한 모습으로, 우리를 위해 십자가의 죽음을 향해 순종하여 나아가셨어요. 우리도 하나님의 뜻에 순종하신 예수님의 아름다운 겸손을 본받도록 해요.

KIDS PLAY 1.

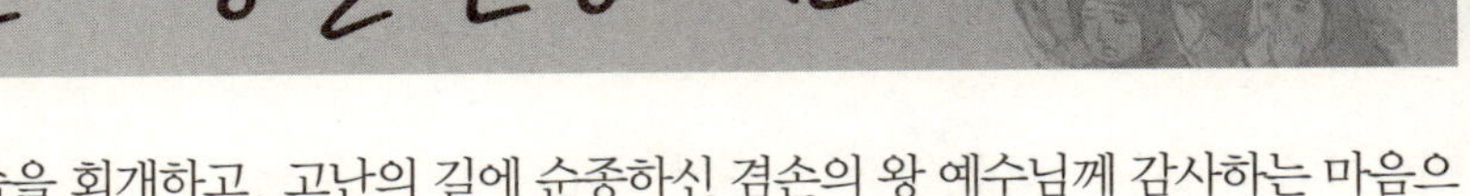

겸손하지 못했던 자신의 모습을 회개하고, 고난의 길에 순종하신 겸손의 왕 예수님께 감사하는 마음으로 종려나무 가지를 만들어 예수님을 찬양하게 한다.

준비물: 초록색 도화지, 가위, 투명 테이프
방　법: 1) 초록색 도화지에 겸손하지 못했던 자신의 죄를 회개하는 기도문을 적는다.
　　　　2) 기도문을 읽으며 기도한다.
　　　　3) 기도문을 적은 도화지를 7~8cm정도 남겨두고 사진처럼 가위로 자른 뒤, 돌돌 만다.
　　　　4) 3)의 이파리 부분을 살짝 위로 잡아당기고, 가지 부분에 테이프를 붙여 종려나무 가지를 완성한 뒤, 겸손의 왕으로 오신 예수님을 찬양한다.

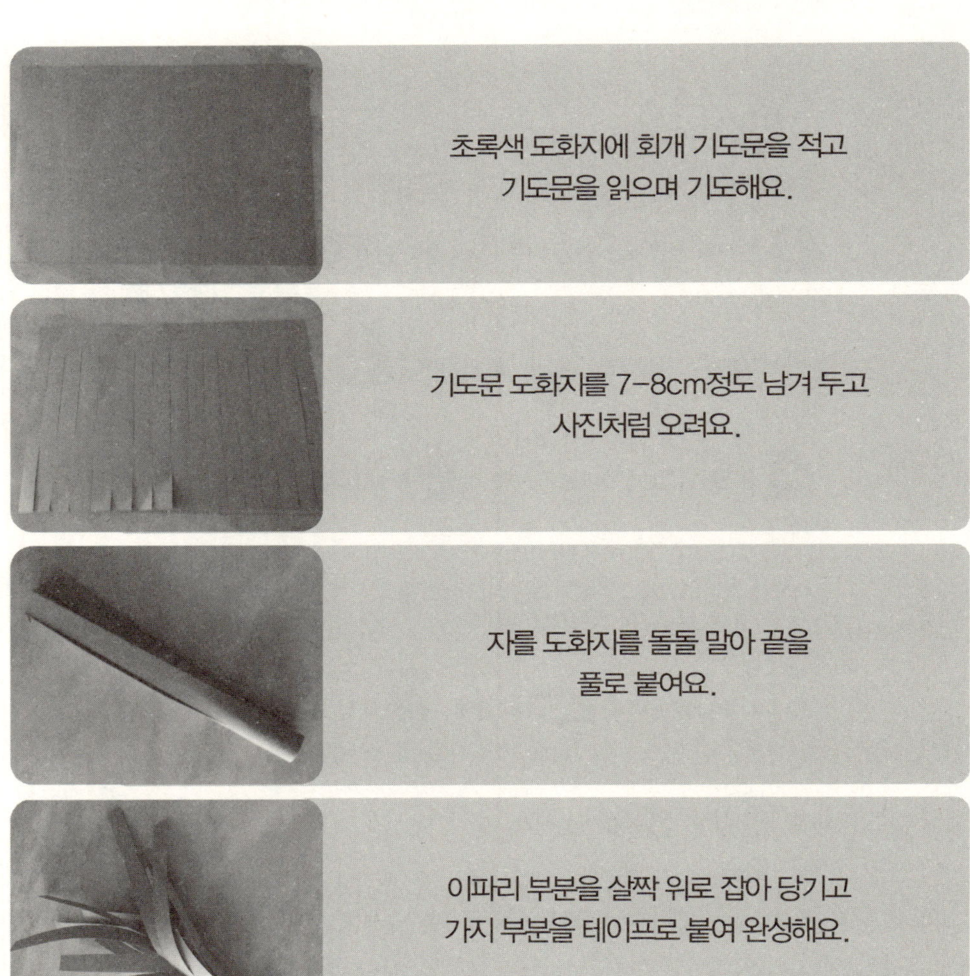

초록색 도화지에 회개 기도문을 적고
기도문을 읽으며 기도해요.

기도문 도화지를 7-8cm정도 남겨 두고
사진처럼 오려요.

자를 도화지를 돌돌 말아 끝을
풀로 붙여요.

이파리 부분을 살짝 위로 잡아 당기고
가지 부분을 테이프로 붙여 완성해요.

KIDS PLAY 2.

'겸손의 왕 예수' 팝업 카드 만들기

이야기 속에 나오는 예루살렘 입성 장면을 입체적으로 표현해 봄으로써 배운 내용을 기억하고, 고난의 길에 순종하신 겸손의 왕 예수님을 기억하고 그분을 본받기를 다짐하게 한다.

준비물: 새김북스, 색도화지, 칼, 양면테이프나 풀

방　법: 1) 부록(37쪽)의 그림자료를 오리는 선을 따라 떼어낸 후, 아래 접는 선을 따라 접어서 세운다.

2) 그림자료의 테두리 뒷부분에 풀칠하여 색도화지 위에 붙인다.

3) 완성된 팝업 북을 보면서 겸손하신 예수님을 기억하고 그분을 본받기로 다짐한다.

*어린이 교재 부록(37쪽)에 있는 자료를 사용해서 만들고 놀이해요.

KIDS HOME 1.

이 마음을 품어요

성경 말씀을 찾아 읽고 그림을 색칠하며, 주제 단어인 겸손을 찾아내고 말씀대로 예수님의 겸손을 마음에 품고 섬기는 어린이가 될 것을 다짐하게 한다.

우리가 품어야 할 예수님의 마음을 무엇일까요? 아래 그림에서 예수님 얼굴만 색칠해보세요.

준비물: 새김북스, 색연필
방　법: 1) 빌립보서 2장 5절을 찾아 읽고, 질문에 대답해 본다.
　　　　2) 하트 안에 있는 예수님 얼굴 부분만 색칠한다.('겸손'이라는 글자가 나온다.)
　　　　3) 예수님의 겸손한 마음을 닮게 해 달라고 기도한다.

KIDS HOME 2.

겸손함으로 빛나는 나!

겸손하지 못했던 자신의 모습을 돌아보고, 생활 속에서 겸손을 실천해보는 활동이다. 겸손한 어린이의 실천 행동을 스스로 쓸 수 있도록 돕고, 차근차근 노력하며 실천하도록 격려한다.
교사는 부모가 가정에서 어린이들이 겸손을 잘 실천하고 있는지 점검하고 격려하도록 협조를 요청하고, 그 표를 교회로 가져오게 하여 확인하고 상을 주거나 칭찬, 격려한다.

겸손함으로 반짝반짝 빛나는 나의 모습을 기대하며 겸손을 실천해 보아요.

준비물: 새김북스, 스티커
방 법: 1) 겸손하지 못했던 자신의 모습을 돌아보고 고백한다.
2) 겸손을 훈련하는 다섯 가지 실천사항에 대한 구체적인 내용을 적는다.
3) 위의 실천사항을 일정 기간 동안 실천하고, 스티커를 붙인다.

겸손함으로 빛나는 나

1. 겸손하게 말해요.   나쁜말, 욕하지 않기, 존댓말 쓰기 등
2. 겸손하게 인사해요.   인사 잘 하기, 예의 바르게 행동하기 등
3. 겸손하게 기도해요.   하루에 한 번 기도하기 등
4. 겸손하게 순종해요.   부모님께 심부름 잘 하기 등
5. 겸손하게 사랑해요.   양보하기, 나누기, 사이좋게 지내기 등

*겸손을 실천한 날에 반짝이 스티커를 붙이세요.

	주일	월	화	수	목	금	토
겸손하게 말해요.							
겸손하게 인사해요.							
겸손하게 기도해요.							
겸손하게 순종해요.							
겸손하게 사랑해요.							

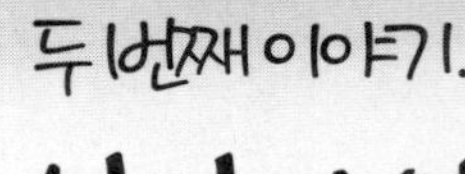

섬김의 왕, 예수 그리스도

- **본문말씀** : 요한복음 13장 1–15절
- **중심개념** : 낮아지심으로 보여주신 사랑의 섬김
- **새길말씀** : 마가복음 10장 43–44절
  너희 중에 누구든지 크고자 하는 자는 너희를 섬기는 자가 되고 너희 중에 누구든지 으뜸이 되고자 하는 자는 모든 사람의 종이 되어야 하리라.
- **교육목표** : 이 과를 배운 어린이는
  1. 예수님께서 제자들의 발을 씻기심으로 섬기신 이야기를 듣는다.
  2. 제자들을 향한 예수님의 사랑과 제자들이 주님의 섬김을 본받기 원하셨던 마음을 깨닫는다.
  3. 섬김의 본을 보여주신 예수님처럼 다른 사람을 섬기기로 다짐하고 실천한다.

말씀이해

예수님은 모든 사람을 섬기기 위해 이 땅에 오신 섬김의 왕이시다(막 10:45). 세상의 권력자들은 다른 사람 위에 올라서서 군림하고 영광스러운 대접을 받으려고 하지만, 예수 그리스도는 군림하고 섬김을 받는 왕이 아닌 종의 모습으로 섬기는 길을 선택하셨다. 그리고 주님을 따르는 제자들도 그와 같은 섬김의 삶을 살기를 원하셨다.

유월절 전날, 예수님은 흙먼지로 더러워진 제자들의 발을 씻겨주심으로 그들을 섬기셨다. 그들 중에는 예수님을 모른다고 부인할 베드로도 있었고, 심지어 예수님을 팔아넘길 배반자 가룟 유다도 있었다. 주님은 모든 제자들이 자기를 버리고 도망할 것을 아셨음에도 그들 모두를 사랑으로 섬기셨다. 이러한 주님의 갑작스러운 행동은 제자들을 무척이나 놀라고 당황스럽게 했다. 제자들은 영문도 모른 채 엉거주춤 발을 내밀었고, 주님은 묵묵히 그들의 발을 씻겨 주셨다. 절대로 자기 발을 씻기실 수 없다고 거부하는 베드로에게는 발 씻기심을 통해 비로소 주님과 베드로가 상관 있는 사람이 된다고 말씀하셨다(8절). 그것은 예수님의 십자가의 보혈로 죄 씻음을 받은 자만이 주님과 온전한 영적 연합을 이룰 수 있다는 가르침이었다.

발 씻기심은 제자들에 대한 주님의 깊은 사랑이자 가장 낮은 자의 모습으로 보여주신 섬김의 본보기이다. 주님은 십자가의 죽음이 임박했던 순간에도 제자들을 끝까지 사랑하셨다(1절). 마지막 식사 자리에서까지 서로 누가 큰지를 놓고 다투던 제자들에게(눅 22:24) 몸소 낮아지는 종의 모습을 보여주시고, 그 모습을 통해 주님의 섬김을 본받기를 원하셨다(15절). 주님은 당신의 제자들이 자신과 같이 스스로를 낮추고 지극히 작은 자를 존귀히 여기며, 사랑으로 섬기는 삶을 살기를 원하신 것이다. 이러한 섬김의 삶이 바로 참된 제자로서 주님을 따르고 하나님의 뜻을 이루는 방법이기 때문이다.

진정한 섬김은 자신을 부인하고 내려놓는 것이며, 교만함과 이기적인 욕심을 버리고 낮아짐으로 다른 사람을 높이는 것이다. 낮아지는 섬김은 제자들뿐 아니라 예수님을 주로 고백하는 모든 이들을 향한 주님의 명령이다. 그러므로 오늘을 살아가는 우리도 주님과 같이 스스로를 낮추고 다른 사람들을 사랑으로 섬기는 삶을 살아가는 것이 마땅하다.

교수학습 지도안

단계	제목	교사	어린이	학습방법	학습준비물
스토리 팩맨	섬김의 왕, 예수 그리스도	마지막 만찬 때에 예수님이 제자들의 발을 씻기신 이야기를 들려준다.	예수님이 제자들을 끝까지 사랑하고, 섬김의 본을 보이기 위해 발을 씻기셨음을 배운다.	스토리텔링	새김북스
키즈 퀴즈	왜 그랬을까요?	예수님이 제자들의 발을 씻기신 이유를 성경에서 찾아보게 한다.	성경말씀을 찾아 쓰고, 예수님이 제자들의 발을 씻기신 이유를 대답해 본다.	쓰기	새김북스, 성경책, 필기도구
	누가 큰 자일까요?	제자들과 예수님의 다른 점을 말하고, 그중 어떤 것이 천국에서 큰 자의 모습인지 성경을 찾아 확인하게 한다.	제자들과 예수님의 다른 점을 말하고, 섬기는 자가 천국에서 큰 자임을 예수님의 말씀으로 확인한다.	말하기, 쓰기	새김북스, 성경책, 필기도구
키즈 플레이	요리 조리 섬김 쿡	월남 쌈을 만들어 서로 먹여주고, 나누어줌으로 섬김을 실천해보게 한다.	다함께 월남 쌈 요리를 만들어 서로 먹여주고, 다른 사람에게 나누어준다.	요리	월남 쌈 재료, 접시, 물, 칼, 도마
	섬김 데칼코마니	예수님처럼 다른 사람을 섬기는 모습을 그리고, 데칼코마니 기법으로 꾸미게 한다.	다른 사람을 섬기는 모습을 그리고, 물감으로 데칼코마니 작품을 만든다.	그리기, 데칼코마니	새김북스, 색연필, 물감

단계	제목	부모	어린이	학습방법	학습준비물
키즈 홈	섬김 쿠폰을 선물해요	섬김 쿠폰을 오려 봉투에 담고, 쿠폰대로 섬김을 실천하게 한 후, 칭찬해준다.	섬김 쿠폰대로 가족을 섬긴다.	성경 읽기, 색칠하기	새김북스, 색연필
	가족 세족식	자녀가 발을 씻겨주게 한 후, 자녀를 안아주며 사랑으로 축복한다.	가족의 발을 씻겨준 뒤, 포옹하며 사랑한다고 고백한다.	발 씻겨주기	대야, 물, 수건

1. 스토리 팩맨

　오늘 이야기 속에는 앞으로 일어날 일을 모두 알고 계신 예수님과 아무것도 모르는 제자들의 모습, 서로 높아지려고 다투는 제자들의 과거 모습과 가장 낮은 종의 모습으로 섬기는 예수님의 현재 모습이 대조적으로 나타난다. 또한 그러한 주님의 행동을 이해하지 못하는 제자들에게 발 씻김의 영적 의미와 그 행위를 보여주신 이유를 자상하게 알려주시는 주님의 모습도 인상적이다. 그림에서 자세하게 표현되지는 않지만 교사는 예수님의 발 씻기심이 단순한 섬김의 행위만이 아닌, 주님의 십자가 보혈을 통한 죄 씻음의 의미가 담겨있는 것임을 알려 주어야 한다. 동시에 그것은 제자들에 대한 예수님의 깊은 사랑과 섬김에 대한 본보기로 보여주신 행위였음을 강조하고, 죽음을 앞둔 주님의 간절한 마음과 사랑이 잘 전달되도록 이야기를 들려준다.

2. 키즈 퀴즈

　키즈 퀴즈에서는 이야기로 들은 예수님이 제자들의 발을 씻겨주신 이유 두가지를 직접 성경에서 찾아써 봄으로 분명하게 확인하고 기억하게 한다. 또한 서로 높은 자리를 차지하려고 다투는 제자들과 스스로를 낮추시고 종과 같이 섬기시는 예수님의 모습을 비교해 보면서, 주님이 왜 제자들에게 직접 섬김의 본을 보이셨는지 깨닫도록 한다. 더 나아가 주님의 말씀을 통해, 높아지기를 원하는 세상의 가치관과 달리 하나님 나라에서는 주님처럼 섬기는 자가 큰 자로 인정받게 된다는 것을 발견하게 한다.

3. 키즈 플레이

　첫 번째 활동은 서로 협력하여 요리를 만들고, 그 요리를 다른 사람들에게 대접함으로써 섬김을 실천해보는 활동이다. 교사는 서툴더라도 어린이들 스스로 서로 협력하여 요리를 만들 수 있도록 도와주고, 만든 요리를 들고 교회 곳곳에서 섬기고 봉사하시는 어른들에게 찾아가 대접하게 함으로써 섬김에 대한 기쁨과 보람을 느끼도록 한다. 두 번째 활동은 데칼코마니(Decalcomanie) 미술기법을 응용하여 예수님의 섬김의 행위와 이를 본받기를 원하는 어린이의 다짐을 표현해보는 것이다. 데칼코마니는 종이의 한쪽 면에 물감을 바른 후, 다른 한쪽 면을 덮었다가 펴서 양쪽에 찍힌 무늬로 새로운 이미지를 만들어내는 미술기법이다. 이것은 어린이들의 상상력과 흥미를 자극할 뿐 아니라, 주제와 본보기에 대한 이미지를 확실하게 기억하도록 돕는다.

4. 키즈 홈

　키즈 홈에서는 섬김에 대해 배운 어린이들이 각 가정에서 부모님과 가족에게 섬김을 실천할 수 있도록 쿠폰을 제공한다. 또한 가족 세족식을 통해 사랑하는 마음으로 가족들에게 섬김을 베풀도록 한다. 교사는 어린이들에게 가정에서 섬김을 실천할 것을 강조하고, 부모님에게는 전화나 대화를 통해 협조를 요청한다. 이후에 교회에서 쿠폰 사용과 세족식에 대한 경험을 어린이들과 함께 나눔으로써 어린이들이 지속적으로 섬김을 실천할 수 있도록 격려한다.

섬김의 왕, 예수 그리스도

달그락 달그락 달그락… (그릇 부딪히는 소리)

예수님과 제자들이 다락방에 모여 저녁식사를 하고 있어요.

그날도 온종일 걸어 다니며 사람들을 만나느라 무척 피곤한 하루였기에 흙먼지로 더러워진 발을 씻지도 못하고 모두들 식사에 열중했어요.

모두들 이런 저런 이야기를 나누며 식사를 하고 있을 때, 물끄러미 제자들을 바라보시던 예수님께서 잠시 생각에 잠기셨어요.

'이제 내가 하나님께로 돌아갈 때가 되었구나.'

예수님의 마음은 무척 아프고 괴로우셨어요.

자신이 십자가에서 죽게 될 때가 가까워 옴을 아셨기 때문이에요.

하지만 제자들은 주님의 그런 마음을 전혀 눈치채지 못했어요. 그날 밤이 예수님과 함께하는 마지막 밤이라는 것도 알지 못했지요.

그때, 예수님께서 갑자기 자리에서 일어나셨어요.

그리고는 겉옷을 벗고 허리에 수건을 두르시더니 대야에 물을 붓고 흙먼지가 잔뜩 묻은 제자들의 발을 한 사람, 한 사람, 씻기시기 시작했어요.

'도… 도대체 예수님이 왜 이러시지?'

당황한 제자들은 아무 말도 못하고 서로 눈치만 보았어요.

제자들이 왜 이렇게 당황했을까요?(대답 듣고)

유대나라는 광야지대라 먼지가 많아요. 또 맨발로 샌들을 신고 다녔지요.

그래서 집에 들어가면 그 집의 종이 주인과 손님의 발을 씻겨 주었어요.

발 씻기는 일은 종이 하는 매우 하찮은 일이었기 때문에 스승이신 예수님이 제자들의 발을 씻겨 주시는 것은 있을 수 없는 일이었어요.

그런데 이 모습을 바라보던 베드로가 더 이상 참지 못하고 예수님께 말했어요.

"안돼요, 주님! 제 발은 절대로 씻기실 수 없습니다!"

"베드로야, 내가 너를 씻겨 주지 않으면 너는 나와 아무 상관이 없단다."

그제야 베드로는 예수님께 엉거주춤 발을 내밀었어요.

발을 씻는다는 것은 죄를 용서 받는다는 것을 뜻해요.

더러운 발을 씻기는 것처럼 예수님께 죄를 씻김 받지 않은 사람은

구원자이신 주님과 아무 상관없는 죄인일 뿐이에요.

오직 예수님을 통해 죄 씻음을 받은 자만이 죄를 용서 받고 구원을 얻게 되는 거예요.

예수님은 왜 가장 하찮은 종의 모습으로
제자들의 발을 씻겨 주셨을까요?

예수님은 자신이 곧 죽게 될 것을 알고
슬퍼하셨어요.
하지만 제자들은 그런 예수님의 마음을
알지 못한 채, 마지막 식사 자리에서까
지 서로 다투며 예수님의 마음을 아프게
했어요.

예수님은 알고 계셨어요.
자신을 배반할 제자가 누구인지,
자신을 모른다고 거짓말 할 제자가 누구인지,
그리고 자신을 버리고 도망칠 제자가 누구인지 말이에요.

하지만 예수님은 그들을 끝까지 사랑하셨어요.
그리고 제자들에게 꼭 가르쳐주고 싶으셨어요.
서로 자기가 높은 자리에 앉겠다고 다투지 말고
예수님처럼 사랑으로 서로를 섬기며 살아야 한다는 것을…
그래서 예수님은 종과 같이 낮아지고 섬기는 모습을 본보기로 보여주신 거예요.
그리고 제자들에게 물으셨어요.
"내가 너희에게 한 일을 알겠느냐?"
제자들은 서로를 말없이 쳐다보았어요.
"선생인 내가 너희 발을 씻겼으니 너희도 서로 발을 씻겨 주어야 한다."
제자들은 욕심 부리며 서로 다투었던 자신들의 모습이 너무 부끄러웠어요.
그리고 서로 사랑으로 섬기라는 예수님의 말씀을 마음 깊이 새겼어요.

예수님은 죽음을 앞둔 마지막 순간에도 제자들을 끝까지 사랑하셨어요.
예수님은 가장 낮은 자의 모습으로 제자들의 발을 씻겨 주셨어요.
그것은 제자들이 본받기를 원하시는 사랑의 섬김이었어요.
예수님은 말로만이 아닌 행함으로 섬김의 본보기를 보여주셨답니다.

자신을 배반할 것을 아시면서도 끝까지 제자들을 사랑하신 주님,
사랑으로 섬기는 삶의 본보기로 제자들의 발을 씻겨 주신 주님,
그분이 바로 섬김의 왕, 예수 그리스도시랍니다.

KIDS QUIZ 1.

왜 그랬을까요?

예수님이 제자들의 발을 씻겨 주신 이유를 성경에서 찾아 확인하게 하여 제자들을 향한 예수님의 사랑과 섬김의 본보기를 분명하게 이해하게 한다.

예수님은 왜 제자들의 발을 씻겨 주셨나요?
성경말씀을 찾아 쓰고 읽어 보세요.

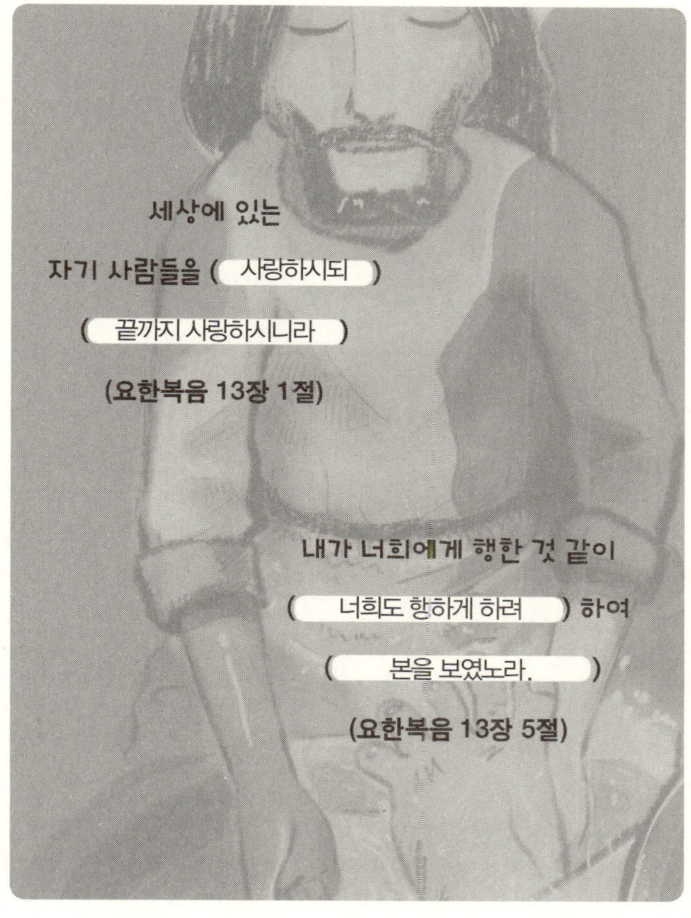

예수님은 죽음을 앞둔 순간에도 끝까지 제자들을 사랑하셨어요. 하지만 제자들은 아직도 서로 높은 자리에 앉으려는 욕심으로 다투어 예수님의 마음을 아프게 했어요. 그래서 예수님은 죽기 전 마지막으로 제자들에게 사랑으로 섬기는 삶을 본보기로 보여주셨지요. 예수님은 제자들이 예수님처럼 서로 사랑하고 섬기는 삶을 살기를 원하셨거든요. 마찬가지로 예수님은 여러분 모두를 사랑하세요. 또한 예수님이 보여주신 것처럼 여러분도 서로를 사랑하고 서로를 섬기며 살아가기를 원하신답니다. 여러분도 제자들처럼 예수님의 섬김을 본받는 친구들이 되어요.

누가 큰 자일까요?

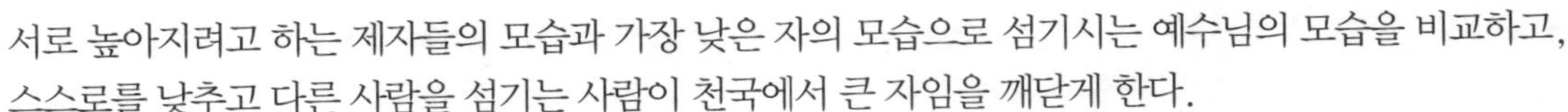

서로 높아지려고 하는 제자들의 모습과 가장 낮은 자의 모습으로 섬기시는 예수님의 모습을 비교하고, 스스로를 낮추고 다른 사람을 섬기는 사람이 천국에서 큰 자임을 깨닫게 한다.

1. 제자들의 모습과 예수님의 모습은 어떻게 다른가요? 그 이유는 무엇일까요?
(두 그림을 보면서 서로 다른 점과 그 이유에 대해 이야기를 나눈 다음, 아래 질문으로 넘어간다.)

사람은 대부분 자기가 돋보이기를 원하고, 남들보다 높아지기를 원해요. 제자들도 마찬가지였어요. 그들은 예수님 곁에서 서로 자기가 높은 자리에 앉겠다고 티격태격 다투곤 했어요. 스승이신 예수님은 가장 낮고 천한 종의 모습으로 제자들을 섬겨 주셨는데 말이에요.
그런데 예수님은 왜 세상 사람들처럼 서로 높아지고 최고가 되라고 하지 않고, 서로를 섬기라고 하셨을까요? 그것은 세상에서 큰 자와 천국에서 큰 자가 분명히 다르기 때문이에요. 그렇다면,

2. 천국에서는 누가 큰 자일까요?
제자들에게 하셨던 예수님의 말씀을 찾아 읽고 대답해 보세요.
(새길 말씀 막 10:43-44를 찾아 괄호 안의 맞는 문장에 O표 하고, 말씀을 외운다.)

이 말씀은 오늘 우리가 배웠던 이야기의 새길 말씀이기도 해요. 세상에서는 남들보다 높아지고 섬김을 받는 사람을 큰 사람으로 여기지만, 하나님 나라에서는 나보다 다른 사람을 높여주고 섬겨주는 사람이 크고 으뜸이랍니다. 이것을 가르쳐 주시기 위해 예수님은 종처럼 낮아지고 섬기는 모습을 직접 행함으로 보여주셨어요. 제자들은 그 모습을 보고 나서야 전에 예수님이 하셨던 말씀이 무슨 뜻인지 깨달았어요. 그럼 말씀을 다시 한 번 외워 볼까요? (두세 번 읽으며 외운 다음) 서로 높은 자리에 앉겠다고 다투던 제자들처럼 나만 생각하고 욕심 부리거나 남들에게 대접 받으려고만 하지 말고, 예수님 말씀처럼 스스로를 낮추고 다른 사람을 섬기면서 살아가는 하나님 나라의 큰 자, 하나님 나라의 으뜸이들이 되도록 해요.

요리 조리 섬김 쿡(cook)

함께 협력하여 만든 요리로 서로를 섬기고, 또 다른 사람을 대접하여 섬기게 함으로 기쁨과 보람을 느낀다.

준비물: 라이스 페이퍼, 닭 가슴살 통조림, 파프리카, 오이, 당근, 월남 쌈 소스, 칠리 소스(또는 머스타드 소스), 칼, 도마, 위생장갑, 뜨거운 물과 대접, 접시나 쟁반, 젓가락

방　법: 1) 오이와 파프리카를 채 썰고, 닭 가슴살과 함께 접시에 담는다.

2) 라이스 페이퍼를 뜨거운 물에 담갔다가 건져 접시나 쟁반 위에 편 후, 그 위에 1)을 넣어 잘 싸서 돌돌 만다.

3) 완성된 월남 쌈을 소스에 찍어 서로 먹여준다. 그리고 월남 쌈을 접시에 담아 교회에서 봉사하시는 어른들께 대접한다.

※Tips: 월남 쌈 대신 라이스 페이퍼에 밥과 소금, 깨소금, 피망, 당근과 같은 야채들을 넣어 돌돌 말아 후라이팬에 노릇노릇 튀기면 맛있는 주먹밥이 된다.

월남 쌈 대신 김밥이나 샌드위치 등 어린이들이 쉽게 만들 수 있는 요리로 대체해도 좋다.

모든 어린이들이 함께 협력하여 음식을 만들고, 나누며 섬김을 경험해 보도록 격려한다.

데칼코마니 기법을 이용하여 예수님의 섬김과 자신의 섬김의 모습을 함께 꾸며봄으로써 사랑으로 섬기는 예수님의 삶을 본받을 것을 다짐하게 한다.

준비물: 새김북스, 물감, 색연필
방　법: 1) 제자들의 발을 씻기신 예수님처럼 각자 어떤 섬김을 실천할 수 있을지 이야기한다.
　　　　 2) 발 씻기시는 그림 옆에 다른 사람을 섬기는 모습을 그린다.
　　　　 3) 발 씻기시는 그림 테두리 부분에 원하는 모양으로 물감을 짜서 모양을 만든 후,
　　　　　　 접는 선을 따라 반으로 접어 물감이 있는 부분을 꾹꾹 눌렀다가 편다.
　　　　 4) 그림 테두리가 같은 모양으로 나온 것처럼 예수님의 섬김을 본받는 어린이가 될 것
　　　　　　 을 다짐한다.

※Tip: 섬기는 그림을 그리기 어려우면 잡지나 사진에서 섬기는 모습을 찾아 붙여도 좋다.

자, 여러분들 모두 멋진 작품을 만들었네요. 모두들 예수님과 같은 섬김을 실천하겠다는 결심이 대단한 것 같아요. 다른 사람을 섬기는 것은 굳이 거창하거나 어려운 것이 아니어도 좋아요. 내가 친구나 가족, 선생님 등 주변 사람들에게 베풀 수 있는 것이 아주 작은 섬김일 지라도 결심한 대로 실천해 보는 게 중요해요. 오늘 만든 멋진 작품처럼 예수님이 보여주신 사랑의 섬김을 따라 여러분도 멋지게 섬김을 실천하는 친구들이 되도록 해요.

*어린이 교재 부록(39쪽)에 있는 자료를 사용해서 만들고 놀이해요.

KIDS HOME 1.

섬김 쿠폰을 선물해요

어린이들이 직접 오리고 만든 섬김 쿠폰을 가족에게 선물한 후, 쿠폰에 적힌 대로 가족들을 섬기면서 배운 내용을 즐겁게 실천하고, 가족에게 기쁨을 주도록 한다.
교사는 교회에서 어린이들과 함께 쿠폰 사용에 대한 경험을 함께 나누고 칭찬함으로써 지속적으로 섬김을 실천할 수 있도록 격려한다.

사랑이 가득 담긴 섬김 쿠폰으로 사랑하는 가족을 섬겨요.

준비물: 새김북스, 가위, 봉투
방　법: 1) 새김북스에 있는 섬김 쿠폰을 오려서 봉투에 담는다.
　　　　2) 가족에게 섬김 쿠폰을 나누어 주고, 쿠폰대로 사랑의 섬김을 실천한다.

KIDS HOME 2.
가족세족식

어린이가 가족들에게 세족식을 행함으로 섬김을 실천하고, 예수님이 행하셨던 세족식의 의미를 마음 깊이 새겨보게 한다.
교사는 부모님께 전화나 대화를 통해 협조를 요청한다. 가정에서 행한 세족식 장면을 사진이나 동영상으로 찍어 교사에게 보내게 하여 이를 확인한 후 격려한다.

예수님이 제자들의 발을 씻겨 주신 것처럼 가족들의 발을 씻겨 주어요.

준비물: 세숫대야, 물, 수건
방　법: 1) 예수님이 제자들의 발을 씻겨 주신 것처럼, 가족들의 발을 씻겨 준다.
　　　　2) 발을 씻겨 주고 나서 서로를 포옹하며 사랑한다고 고백한다.
　　　　3) 세족식 후에 각자 느낀 점과 예수님과 제자들의 마음이 어떠했을지 이야기를 나누고, 예수님 말씀대로 섬기는 삶을 살 것을 다짐하는 기도를 드린다.

구원의 왕, 예수 그리스도

■ **본문말씀** : 누가복음 23장 13~38절
■ **중심개념** : 십자가의 희생으로 이룬 구원
■ **새길말씀** : 에베소서 5장 2절

   그는 우리를 위하여 자신을 버리사 향기로운 제물과 희생제물로 하나님께
   드리셨느니라.

■ **교육목표** : 이 과를 배운 어린이는

   1. 예수님께서 모든 사람의 죄를 대신해서 십자가에 못 박히신 이야기를 듣는다.
   2. 예수님께서 십자가의 죽음과 희생을 통해 구원을 이루셨음을 깨닫는다.
   3. 십자가의 희생으로 섬기신 예수님을 구원의 주로 고백하고, 감사함으로 섬김
      을 실천한다.

말씀이해

   예수님은 십자가의 희생으로 구원을 이루신 구원의 왕이시다. 그 십자가의 희생은 이 땅에 섬김의
주로 오신 예수님께서 보여 주신 가장 큰 섬김이다(막 10:45). 예수님은 자신의 죽음을 통해서만 하나
님이 약속하신 구원이 이루어진다는 것을 아셨기에 스스로 세상 죄를 짊어지고 가는 하나님의 어린양
이 되셨고(요 1:29), 십자가를 통하여 새로운 구원의 길을 열어 주셨다.

   아무런 죄가 없으신 예수님께서 모든 사람의 죄를 대신하여 십자가에 못 박히셨다. 로마 총독 빌라도
가 예수님의 무죄를 여러 번 선언했지만, 십자가 처형을 강요하는 유대 종교지도자들과 성난 군중들의
압력을 이겨내지 못했다. 예수님은 자신을 따르던 백성들에게 배척과 외면을 당하셨다. 잔인한 로마
군인들에게 온 몸이 찢기고 상하셨으며, 온갖 멸시와 조롱을 당하시며 골고다에서 십자가에 못 박히셨
다. 예수님의 십자가 위에는 '유대인의 왕'이라는 죄 패가 붙었다. 백성들이 지켜보는 가운데 유대 관원
들과 로마 군인들은 "네가 유대인의 왕이면 너 자신을 구원해 보라."라며 예수님을 조롱했다. 그러나
예수님은 자신을 못 박고 조롱하는 이들을 위해 하나님께 용서를 구하셨다(34절). 그렇게 주님은 고난
받는 주의 종으로서 모든 것을 다 이루시고 숨을 거두셨다(요 19:30).

   예수님은 십자가에서 자신의 생명을 내어주심으로 구원을 이루셨다. 예수님은 우리의 죄와 허물 때
문에 온갖 고난과 조롱을 당하셔야만 했다(사 53:5). 신체가 찢기고 온 몸의 물이 쏟아지는 고통도 당
하셔야만 했다. 아무런 원망이나 저항 없이 주님은 자기 목숨을 대속물로 내어 주는 유월절 희생 제물
이 되셨고, 십자가에서 피 흘려 죽으심으로 모든 죄에 대한 대가를 치르셨다. 이러한 십자가 희생으로,
모든 사람이 예수 그리스도를 믿고 영접함으로 죄와 죽음의 권세에서 자유함을 얻고 구원을 얻을 수 있
게 되었다. 예수님의 희생의 죽음을 통해 가장 가혹한 사형도구이자 저주의 상징이었던 십자가가 모든
사람의 죄를 용서하고 구원하는 은혜의 통로가 된 것이다.

   십자가의 희생은 모든 사람을 구원하기 위한 주님의 가장 큰 섬김이자, 우리가 믿고 전해야 할 구원
의 복음이다. 그러므로 예수님을 영접하고 믿는 자는 십자가의 희생으로 이루신 구원의 은혜에 감사하
며 예수님을 자신의 구세주로 고백할 수 있어야 한다. 또한 구원 받은 자로서 주님의 희생의 섬김과 십
자가의 복음을 증거하고, 빚진 자의 마음으로 이웃을 섬기는 삶을 살아야 한다.

단계	제목	교사	어린이	학습방법	학습준비물
스토리 팩맨	구원의 왕 예수 그리스도	예수님이 모든 사람을 구원하기 위해 십자가에 달리신 이야기를 들려준다.	아무 죄도 없는 예수님이 모든 사람을 구원하시기 위해 십자가에 달리신 이야기를 듣는다.	스토리텔링	새김북스
키즈 퀴즈	누구 때문인가요?	예수님이 누구 때문에 십자가에 달리셨는지 질문한다.	예수님이 모든 사람을 위해, 특별히 나를 구원하시기 위해 십자가에 달리셨음을 고백하고 쓴다.	쓰기	새김북스 필기도구
	나에게 예수님은	예수님의 죄 패에 쓰인 문구를 확인하게 하고, 새로운 문구를 쓰게 한다.	예수님의 죄 패 문구를 쓰고, 자신이 고백하는 예수님이 누구신지 쓴다.	쓰기	새김북스, 필기도구
키즈 플레이	십자가양초 만들기	십자가의 희생을 상징하는 초를 만들게 하고, 감사의 고백을 드리게 한다.	십자가 초를 만들고, 나를 구원하신 예수님의 희생과 사랑에 감사한다.	만들기	양초, 컬러 지점토
	나의 사도신경	각자의 이름을 넣어 사도신경을 완성하게 한후, 읽게 한다.	자신의 이름을 넣은 사도신경을 읽으며, 믿음으로 고백한다.	쓰기, 읽고 고백하기	새김북스, 필기도구

단계	제목	부모	어린이	학습방법	학습준비물
키즈 홈	꼭꼭 숨어라	숨은 그림 찾기를 통해 배웠던 내용을 확인하고 기억하게 한다.	그림 속에 숨어 있는 물건들을 찾고, 그것이 무엇을 의미하는지 이야기한다.	성경 읽기, 색칠하기	새김북스, 색연필
	예수님처럼 나도	예수님의 고난을 생각하며 절제와 고난에 동참하도록 격려한다.	예수님의 고난을 생각하며 절제와 한 끼 금식에 동참하여 어려운 이웃을 돕는다.	금식하기, 동전 모으기	저금통

1. 스토리 팩맨

  오늘 이야기에서는 예루살렘에 입성하시는 예수님을 죽이려고 모의한 유대 종교지도자들과 예수님을 환영했던 사람들이 성난 군중으로 돌변하여 예수님을 죽이는 일에 앞장서고 있다. 예수님은 이 모든 과정 속에서도 어떤 저항도 없이 침묵하셨고, 마지막까지 그들을 위해 기도하셨다. 그것은 주님께서 감당해야 할 십자가의 죽음이 단순히 유대인들의 배신과 음모로 인한 사건이 아니라, 하나님의 뜻을 따라 모든 사람들의 죄를 대속하기 위한 구원의 사건이었기 때문이다. 교사는 목소리 톤과 제스처를 적절하게 활용하여 예수님이 당하신 십자가의 고통과 아픔을 실감나게 표현하여, 어린이들이 십자가 희생의 의미를 분명하게 깨닫도록 강조한다. 또한 그것이 구원을 이룬 사건인 동시에 모든 사람을 위한 가장 큰 섬김의 사건이라는 사실을 강조한다.

2. 키즈 퀴즈

  첫 번째 질문에서는 그림 속에 나오는 인물들이 어떻게 예수님의 죽음에 연관되었는지 설명하고, 예수님이 그들을 포함한 모든 사람들과 또한 어린이 자신을 구원하시기 위해 십자가에 못 박히셨다는 것을 깨닫고 고백하게 한다. 두 번째 질문에서는 십자가 위에 달린 죄 패의 문구를 확인하고 그것이 예수님을 조롱하기 위한 것이었다는 것을 알게 한다. 또한 그러한 조롱의 죄 패 대신, 예수님을 어린이 자신을 구원하신 분으로 고백하도록 이끈다.

3. 키즈 플레이

  첫 번째 활동에서는 모든 사람을 위해 자신의 생명을 희생하신 구원의 왕 예수님을 상징하는 십자가 양초를 만들어 십자가의 희생과 구원에 대해 다시 한 번 생각하고 감사하도록 한다. 이 십자가 양초는 교회 예배실을 장식하거나 기도회를 진행할 때 사용할 수 있다. 두 번째 활동에서는 예수님을 믿고 구원 받은 자로서 자신의 이름을 넣어 사도신경을 완성해 보고, 그것을 소리 내어 읽으며 자신의 믿음을 고백해보게 한다. 이 활동을 통해 어린이들은 믿는 자들이 예배 때마다 사도신경으로 신앙을 고백하는 이유와 그 중요성을 깨닫고, 구원의 복음을 증거하며 살 것을 다짐할 수 있다.

4. 키즈 홈

  키즈 홈에서는 숨은 그림 찾기를 통해 세 이야기에서 나왔던 물건들을 찾은 후, 각각의 물건들이 상징하는 의미를 파악하게 함으로써 섬김의 주로 오신 예수님의 세 가지 사역에 대해 다시 한 번 확인하고 정리하게 한다. 또한 스스로 절제하고 금식하는 활동을 통해 예수님의 고난을 기억하면서 그 고난을 경험해 보도록 하고, 나아가 이웃을 섬기는 일에 동참하도록 돕는다.

구원의 왕, 예수 그리스도

"이자에게 무슨 죄가 있느냐?"
"이자는 자신이 유대인의 왕이라며 백성들을 미혹하고 하나님을 모독했습니다!"
대제사장들과 공회원들이 붙잡혀 온 예수님을 노려보며 말했어요.
로마의 총독 빌라도는 그들에게 다시 한 번 물었어요.
"그럼 내가 어떻게 하기를 바라느냐?"
"우리의 율법을 따라 하나님을 모독한 자는 마땅히 죽어야 합니다.
이자를 십자가에 못 박으십시오!"

하지만 빌라도는 죄 없는 예수님을 죽이고 싶지 않았어요.
그들이 예수님을 미워해서 그분을 죽이려고 한다는 것도 알고 있었지요.
그래서 빌라도는 예수님에게서 죽을 만한 죄를 찾지 못하였다고 하며 예수님을 놓아주려고 했지요.
그는 예수님과 또 다른 죄수 바라바를 백성들 앞에 세운 후에,
둘 중 원하는 한 사람을 풀어주겠다고 말했어요.
유월절에는 백성들이 요구하는 죄수 한 명을 풀어 줄 수 있었거든요.
그는 백성들이 흉악한 강도 바라바 대신 예수님을 놓아 달라고 할 줄 알았어요.
그런데 이게 웬일인가요?
군중들은 예수님 대신 흉악범 바라바를 놓아 달라고 소리쳤어요.
그들의 외침은 곧 예수님을 십자가에 못 박으라는 함성으로 바뀌었어요.

"예수를 십자가에 못 박아라! 못 박아라!"

며칠 전까지만 해도 호산나를 외치며 예수님을 환영하던 사람들이
이제는 아무 죄 없는 예수님을 십자가에 못 박으라고 소리쳤어요.
예수님은 이미 모든 것을 알고 계신 듯 고개를 숙인 채 아무 말씀도 하지 않으셨어요.
그런데 빌라도는 성난 군중들의 함성 소리에 점점 두려워졌어요.
'이러다가 큰일 나겠군. 큰 폭동이라도 일어날 기세야.'
결국 빌라도는 바라바를 놓아 주고, 예수님을 십자가에 처형하도록 넘겨주고 말았어요.

(십자가에 못 박는 소리를 흉내 내며)
쾅!… 쾅!… 쾅!…
커다란 망치 소리가 골고다 언덕 위에서
날카롭게 울려 퍼졌어요.
잔인한 채찍질로 온 몸이 찢기신 예수님
이 십자가에 못 박히신 거예요.
예수님의 두 손에 커다란 쇠못이 쾅! 쾅!
쾅!
예수님의 두 발에도 커다란 쇠못이 쾅!
쾅! 쾅!
두 손과 두 발에 못이 박히신 채로 예수

님은 십자가에 높이 매달리셨어요.
예수님의 못 박히신 양손과 발에서 굵은 피가 흘러 내렸어요.
주르륵… 뚝… 뚝… 뚝…
주르륵… 뚝… 뚝… 뚝…

얼마나 아프셨을까요?
얼마나 힘들고 고통스러우셨을까요? 예수님은 너무 힘들고 아파서 숨조차 쉬기 힘드셨어요.
사람들은 그런 예수님의 모습을 구경하며 비웃고 조롱했어요.
"네가 하나님의 아들이라고? 그렇다면 당장 그 십자가에서 내려와 보시지."
"네가 유대인의 왕이면 어서 너 자신을 구원해 보라니까."
사람들의 비웃음과 조롱 소리가 예수님의 마음을 더 아프게 했어요. 하지만 예수님은 그렇게 고통스러
운 그 순간에도 자신을 비웃고 조롱하는 사람들을 위해 기드하셨어요.
"아버지, 저들의 죄를 용서해 주세요.
저들은 자신들이 무슨 일을 하는지 모르고 있어요."
사람들은 예수님이 자신들의 죄 때문에 십자가에 달리신 것을 깨닫지 못했어요.
사람들은 자신들을 위해 기도하시는 예수님의 마음을 알지 못했어요.
그렇게 예수님은 모든 고통을 다 당하신 후에 십자가에서 숨을 거두셨어요.

아무 죄 없는 예수님이 왜 십자가에 못 박히셔야만 했을까요?
왜 그렇게 아프고 힘든 고통을 겪으셔야만 했을까요? 그것은 바로 모든 사람의 죄 때문이에요. 예수님
을 배신하고, 때리고, 조롱하고, 십자가에 못 박은 사람들이 예수님을 죽게 했지만 예수님은 그들뿐
아니라 모든 사람들의 죄 때문에, 모든 사람을 구원하시기 위해 십자가에 못 박히셨어요. 바로 우리 한
사람, 한 사람을 구원하시기 위해 그 모든 아픔과 고통을 당하신 거예요.

예수님은 모든 사람의 죄 때문에 십자가에 쾅! 쾅! 쾅! 못 박히셨어요.
예수님은 모든 사람의 죄를 대신하여 십자가에서 주르륵 … 뚝… 뚝… 뚝… 피를 흘리셨어요.

예수님은 모든 사람을 구원하기 위해 그 모든 고통과 조롱을 참고 견디셨어요.
그리고 생명을 내어주는 가장 큰 섬김으로 구원을 이루셨어요.

아무 죄가 없음에도 모든 사람의 죄를 대신하여 십자가에 달리신 주님,
조롱하고, 채찍으로 때리고, 십자가에 못 박은 사람들까지도 용서하신 주님,
생명을 내어주는 십자가의 희생으로 구원을 이루신 주님,
그분이 바로 구원의 왕, 예수 그리스도시랍니다.

> **십자가 형벌**: 고대 페르시아에서 로마로 전해 내려온 가장 잔인한 사형방법이에요. 로마에 대항하여 폭동, 반란을 일으킨 자들이나 흉악한 범죄자를 죽일 때 사용했지요. 십자가에 달린 죄수는 몸을 움직일 수 없는 상태에서 숨도 제대로 못 쉬고 피를 흘리며 며칠 동안 고통을 겪다가 서서히 죽어갔어요. 이 잔혹한 형벌은 훗날 4세기 경 로마의 콘스탄티누스 황제가 기독교인이 된 후로 폐지되었답니다.

누구 때문인가요?

예수님을 십자가에 못 박게 한 사람들에 대해 이야기하고, 십자가의 빈 칸에 자신의 얼굴을 그려 넣게 함으로써 예수님이 모든 사람, 바로 어린이 자신을 위해 십자가에 못 박히셨음을 깨닫고 고백하게 한다.

예수님은 누구 때문에 십자가에 못 박히셨나요?
(십자가 안의 예수님을 죽게 한 사람들에 대해 이야기를 나누고, 빈 칸에 자기 얼굴을 그린 뒤, 나를 구원하시려고 예수님이 십자가에 달리셨음을 고백하고, 문장을 완성하여 읽는다.)

예수님이 십자가에 못 박히실 때 이 사람들은 각각 어떻게 했나요? 배신자 가룟 유다는 돈을 받고 예수님을 팔아넘겼고, 대제사장과 서기관들과 백성들은 예수님을 십자가에 못 박으라고 소리쳤어요. 총독 빌라도는 예수님에게 죄가 없다는 것을 알면서도 십자가어 못 박도록 허락하였고, 로마 군인들은 예수님을 채찍질 하고 십자가에 못 박았을 뿐 아니라 조롱하기까지 했어요. 하지만 예수님이 십자가에 달리신 것이 그들만의 잘못은 아니에요. 예수님은 모든 사람들을 구원하시기 위해서 십자가에서 돌아가셨어요. 그럼 여기 빈 칸에는 누구의 얼굴이 들어가야 할까요?(각자의 얼굴을 그려 넣게 한다.) 그래요. 예수님은 모든 사람을 구원하기 위해, 또한 바로 우리 한 사람, 한 사람을 구원하기 위해 십자가에 못 박히셨어요. 그럼 여기 문장의 빈 칸에 들어갈 말을 쓰고 읽어보아요.(괄호 안을 채워 문장을 완성한 다음, 읽게 한다.)

나에게 예수님은

예수님의 십자가 죄 패에 쓰였던 내용을 확인한 뒤 어린이들에게 예수님에 대한 믿음의 고백을 빈 팻말에 써 보게 함으로써 자신에게 예수님이 어떤 분이신지 깨닫고 감사하게 한다.

1. 예수님이 달리신 십자가 위의 죄 패에 무엇이라고 쓰여 있었나요?
(어린이 교재 스토리 팩맨 그림에 나오는 죄 패에 '유대인의 왕'이라고 쓰여 있음을 확인시킨다.)

로마 군인들은 유대의 백성들과 관원들이 지켜보는 가운데 예수님을 십자가에 못 박고, 그를 조롱하기 위해 십자가 위에 '유대인의 왕'이라는 죄 패를 만들어 달았어요. 하지만 그들은 예수님이 모든 사람을 구원하기 위해 십자가에 달리신 것을 알지 못했어요. 그렇다면 여러분은 예수님을 어떤 분이라고 생각하나요?

2. 나를 위해 십자가에 달리신 예수님을 누구라고 고백할까요?
(어린이들이 스스로 대답하게 하거나, 첫 번째 키즈 퀴즈의 내용을 다시 한 번 상기시켜 예수님이 구원의 왕이심을 깨닫게 한 다음, 빈 팻말 안에 '구원의 왕'이라고 쓰게 한다.)

예수님은 죄를 짓고 십자가에서 처형당한 죄인도, 유대인의 왕이 되려다 실패한 분도 아니에요. 예수님은 우리를 위해 십자가에 달리시고 우리를 죄에서 구원해 주신 '구원의 왕'이시랍니다. 예수님이 십자가에 못 박히시지 않으셨다면 우리는 구원을 얻을 수도, 하나님 나라에 들어갈 수도 없었을 거예요. 예수님의 죽음 때문에 우리는 죄를 용서 받고 하나님의 나라에 들어갈 특권을 얻게 되었지요. 그래서 가장 잔인한 사형도구였던 십자가가 예수님의 희생의 죽음 이후로 구원의 상징이 되었어요. 여러분 모두 그 희생과 사랑에 감사하고, 예수님이 나를 구원하신 구세주요 구원의 왕이심을 믿음으로 고백하며, 구원의 왕 예수님을 다른 친구들에게도 전하도록 해요.

십자가 양초 만들기

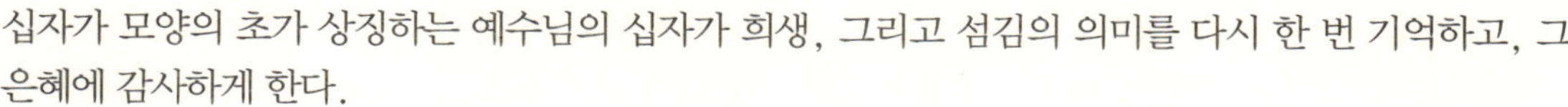

십자가 모양의 초가 상징하는 예수님의 십자가 희생, 그리고 섬김의 의미를 다시 한 번 기억하고, 그 은혜에 감사하게 한다.

준비물: 양초, 컬러 지점토(또는 클레이 점토), 성냥
방　법 : 1) 자신의 몸을 태워 어둠을 밝히는 초와 모든 사람을 위해 자신을 희생하신 예수님의 공통점에 대해 이야기한다.
　　　　 2) 컬러 지점토를 양초에 씌워 십자가 모양을 만든다.
　　　　 3) 십자가 초에 불을 켠 다음, 나를 구원하시려고 십자가에 달리신 주님의 희생과 사랑에 감사하는 기도를 드린다.

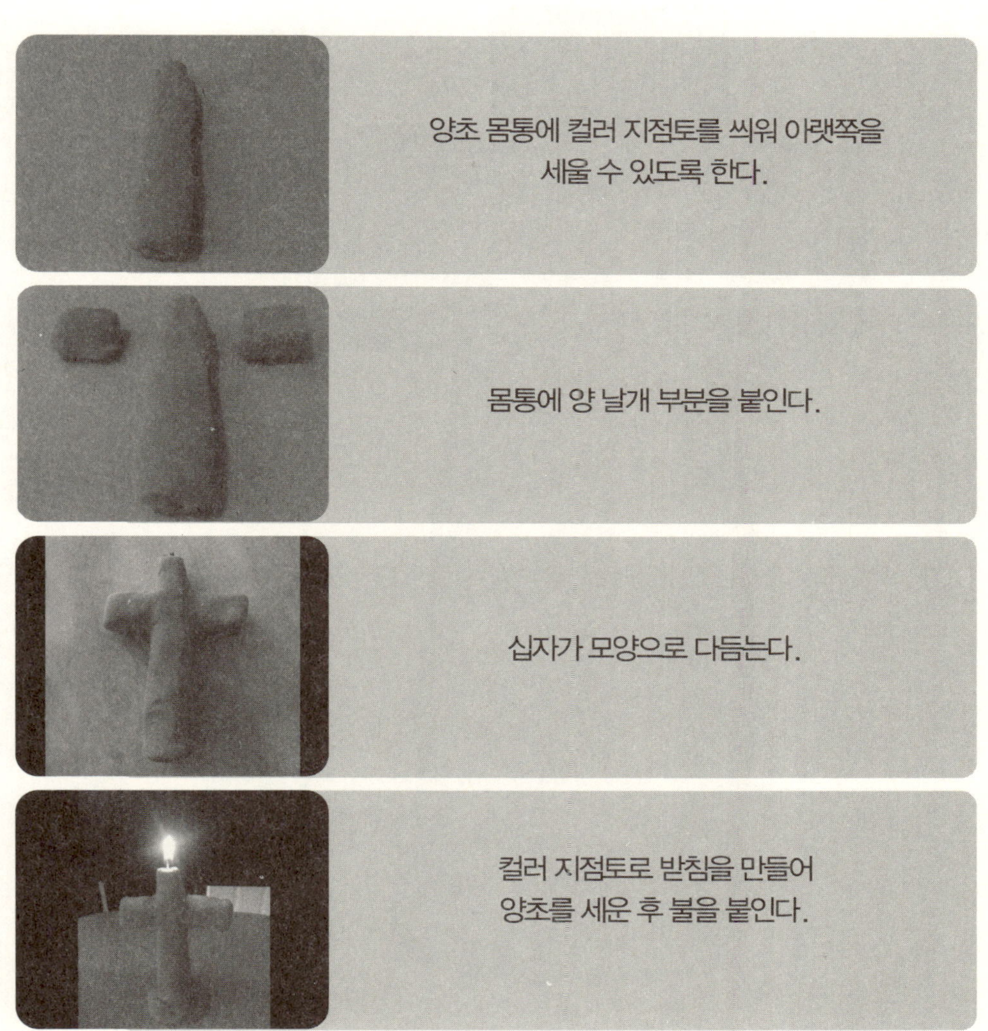

양초 몸통에 컬러 지점토를 씌워 아랫쪽을 세울 수 있도록 한다.

몸통에 양 날개 부분을 붙인다.

십자가 모양으로 다듬는다.

컬러 지점토로 받침을 만들어 양초를 세운 후 불을 붙인다.

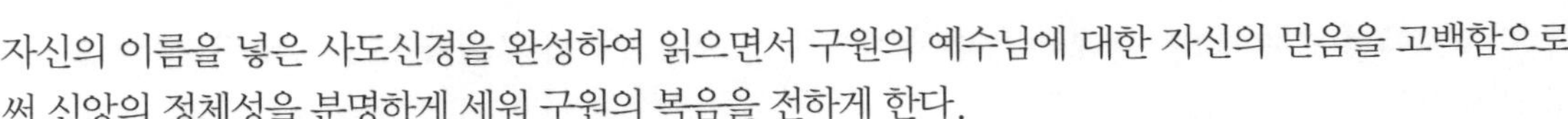

나의 사또신경

자신의 이름을 넣은 사도신경을 완성하여 읽으면서 구원의 예수님에 대한 자신의 믿음을 고백함으로써 신앙의 정체성을 분명하게 세워 구원의 복음을 전하게 한다.

준비물: 새김북스, 필기도구
방 법 : 1) 아래의 빈 칸에 들어갈 말을 쓴다.
　　　　2) '나' 대신 자기 이름을 넣어 사도신경을 읽고 외워 본다.
　　　　3) 나의 사도신경을 오려서 책상 앞에 붙여 놓고 읽으며, 구원의 복음 내용을 기억해서
　　　　　 다른 사람에게 전해 주도록 한다.

* 어린이교재 부록(41쪽)에 있는 자료를 사용해서 만들고 놀이해요.

꼭꼭 숨어라

숨은 그림 찾기를 통해 세 이야기에서 나왔던 물건들을 찾아보고, 그 물건들이 의미하는 세 이야기의 핵심 주제들을 다시 한 번 확인하고, 강조한다.

1. 아래 그림에서 숨어 있는 물건들을 찾아보세요.
아래 그림 속에는 여러분이 배웠던 세 가지 이야기 속에 나오는 물건들이 숨어 있답니다.
눈을 크게 뜨고 숨어 있는 물건들을 찾아보세요.

2. 그 물건들이 각각 무엇을 의미하는지 줄을 그어 옆의 단어와 이어 보세요.
(숨은 그림 찾기를 한 후에 찾은 그림이 의미하는 단어를 줄로 그으면서, 나귀 새끼는 예수님의 겸손을, 대야와 수건은 예수님의 섬김을, 못과 망치는 예수님의 고난을, 양초는 희생을, 십자가는 구원을 상징한다는 것을 이야기해준다.)

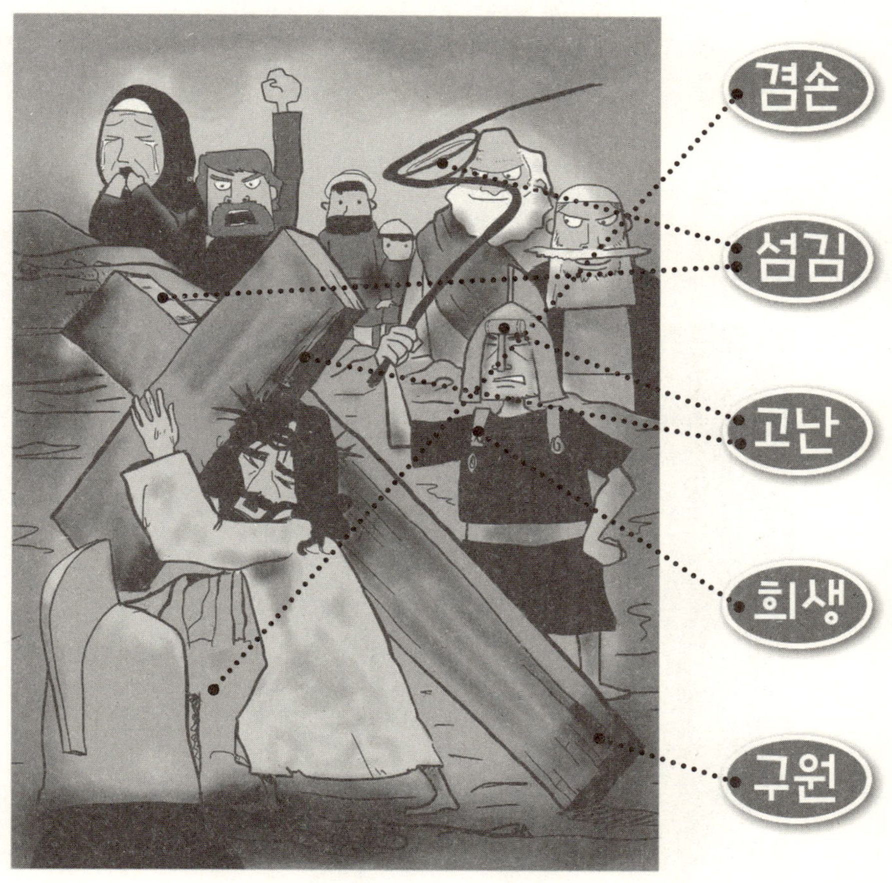

숨은 그림: 나귀 새끼, 대야, 수건, 못, 망치, 양초, 십자가

예수님처럼 나도

예수님의 고난을 생각하면서 생활 속에서 오락과 놀이를 절제하고, 금식하는 경험을 함으로써 그 고난에 동참할 뿐 아니라 이웃을 섬기고 도와주는 일에 동참하게 한다.

내가 하고 싶은 것, 먹고 싶은 것을 참아본 적이 있나요?
이렇게 스스로를 이겨내는 힘을 '절제'라고 해요.
예수님도 어려운 고난을 참고 견디지 못했다면 구원을 이룰 수 없었을 거예요.
우리를 구원하기 위해 십자가에 달리신 예수님을 생각하며 잠시 동안이라도 내가 하고 싶은 것을 참아보면서 예수님의 고난을 생각하고 그 고난에 동참해 보면 어떨까요? 또 먹고 싶은 마음을 참고 금식하면서 예수님의 고난에 동참해 보고, 그것으로 다른 이들을 섬겨 보면 어떨까요?
작지만 귀한 섬김이 어려운 이웃을 구원하고 세상을 변화시키는 기적을 일으킬 수 있답니다.

내가 절제할 수 있는 것이 무엇인지 생각해 보세요.
(컴퓨터 게임, TV 보기, 핸드폰 등 오락시간 줄이기, 잠자는 시간을 줄여 새벽예배 드리기, 먹고 싶은 것을 참고 헌금하기 등)

한 끼 금식에 참여해 보아요.
(한 끼 금식을 하여 고난에 동참하고, 그에 해당하는 돈을 저금하여 어려운 이웃을 돕는 일에 사용한다.
교단이나 기독교 단체에서 하는 기부활동 캠페인이나 이웃돕기 활동에 참여해도 좋다.)

단계	스토리 팩맨	키즈 퀴즈	키즈 플레이	키즈 홈
첫 번째 이야기. 겸손의 왕, 예수 그리스도	1.예수님께서 겸손한 왕의 모습으로 예루살렘에 들어가셨음을 알게 되었나요?	1.예루살렘 입성 때에 예수님과 사람들의 생각이 서로 달랐음을 발견했나요?	1.겸손하지 못했던 죄를 회개하고, 종려가지를 만들어 겸손의 왕 예수님을 찬양했나요?	1.색칠하기를 통해 닮아야 할 예수님의 마음이 겸손임을 발견하고 본받기로 다짐했나요?
	2.예수님께서 하나님 뜻에 겸손하게 순종하여 고난의 길을 가셨음을 깨달았나요?	2.그림문장을 읽으며 예수님이 왜 겸손의 왕이신지 확인했나요?	2.팝업 카드를 만들며 고난의 길에 겸손하게 순종하신 예수님을 기억하고 본받기로 다짐했나요?	2.겸손을 훈련하는 다섯 가지 실천사항을 적고, 생활 속에서 실천했나요?
두 번째 이야기. 섬김의 왕, 예수 그리스도	1.예수님께서 제자들의 발을 씻기심으로 섬기셨음을 알게 되었나요?	1.예수님이 제자들의 발을 씻기신 이유를 성경에서 찾아보았나요?	1. 월남 쌈을 만들어 서로 먹여주고, 나누어줌으로 섬김을 실천했나요?	1.섬김 쿠폰을 가족에게 선물하고, 가족을 섬겨줌으로써 배운 내용을 실천했나요?
	2.예수님께서 제자들을 끝까지 사랑하셔서, 섬김의 본을 보여주시려고 발을 씻기셨음을 깨달았나요?	2.예수님의 섬김의 모습과 하신 말씀을 통해, 섬기는 자가 천국에서 큰 자임을 확인했나요?	2.데칼코마니 기법으로 섬긴의 모습을 꾸미고 예수님을 본받기로 다짐했나요?	2.가족 세족식을 행함으로 섬김을 실천하고, 세족식의 의미를 되새겨 보았나요?
세 번째 이야기. 구원의 왕, 예수 그리스도	1.예수님이 모든 사람의 죄를 대신해서 십자가에 못 박히셨음을 알게 되었나요?	1.예수님이 모든 사람을 위해, 특별히 나를 구원하시기 위해 십자가에 달리셨음을 알게 되었나요?	1.십자가 초를 만들고, 나를 구원하신 예수님의 희생과 사랑에 감사했나요?	1.숨은 그림 찾기를 통해 배운 내용을 확인하고, 주제를 기억했나요?
	2.예수님께서 십자가의 죽음과 희생을 통해 구원을 이루셨음을 깨달았나요?	2.예수님의 죄패 문구를 확인하고, 자신에게 예수님이 누구신지 써 보았나요?	2.나의 사도신경을 완성하여 읽고, 구원의 예수님에 대한 자신의 믿음을 고백했나요?	2.절제와 금식의 경험을 통해 예수님의 고난과 섬김에 동참했나요?

BCM⁺ 제자훈련 새김북스

섬김의 왕 예수 그리스도

어린이교회 교사용 가이드북

발행일 : 2014년 2월 15일 초판

발행인 : 우순태

편집인 : 유윤종

책임편집 : 강신덕

기획/편집 : 강영아, 전영욱

디자인/일러스트 : 최동호, 권미경, 오인표

홍보/마케팅 : 강형규, 박지훈

행정지원 : 조미정, 신지현

집필 : 정현숙

펴낸곳 : 도서출판 사랑마루

　　　　　 서울시 강남구 테헤란로 64길 17(대치동)

대표전화 : TEL (02) 3459-1051~2/ FAX (02) 3459-1070

홈페이지 : http://www.eholynet.org, http://www.ibcm.kr

등록 : 2011년 1월 17일 등록번호/ 제2011-000013호

ISBN : 978-89-7591-303-7　13230

가격 : 2,800원